晩酌

有元葉子

東京書籍

そこいらにあるもので気の利いた一品。晩酌の楽しみです

山の家へ出かけるときの楽しみのひとつが、山の中にあるお蕎麦屋さん「ふじおか」さんへ行くこと。ここで「鄙願《ひがん》」という日本酒をちびりちびりといただきつつ、自然のおいしさ溢れるその季節ならではの野菜料理のひと鉢に箸をのばし、そしてお蕎麦を食べる楽しみはかけがえのないものです。私はここで、おいしいものをちょっとつまみつつ楽しむお酒を覚えたようです。お蕎麦とちょっとお酒を、は粋な江戸っ子の証とされていたけれど、私は信州の山の中でその楽しみを知りました。

晩酌は日本独特のお酒の楽しみ方。そして晩酌のつまみはなんでもないそこいらにあるもので、ちゃちゃっと作るのがいいんです。油揚げや葱、海苔やこんにゃく、漬けもの、納豆などなど……大抵は冷蔵庫に入っているものばかり。そういった何の変哲もないものは恰好のつまみの材料になります。しらたきだけから気の利いた一品を作るなんて、これこそつまみの真骨頂というもの。気負わずささっとが身上です。

仕事から帰り、ほっと一息、晩酌の時間は庶民ならではの楽しみ。大切にしたい、素敵な日本の暮らしのひとこまです。

有元葉子

食材ありき。
信濃の野菜で作る
あえものと漬けものが絶品

「学生時代に戸隠の宿坊でアルバイトしていたのがきっかけで、蕎麦の世界に引き込まれました。はじめは出身地の三重で蕎麦屋を始めたのですが、蕎麦に合うのはやはり長野。長野に引っ越し、黒姫で20年、ここ飯綱に移って5年。自分が納得した蕎麦を石臼でひき、十割蕎麦にします」とは「蕎麦ふじおか」のご主人、藤岡優也《まさなり》さん。奥さまのみち子さんと二人三脚でお店を営まれています。

そのキリッとした蕎麦のおいしさはもちろんのこと、いつ食べても素晴らしいのが季節の野菜料理。蕎麦の前に供される野菜のあえものは、辛子あえ、胡麻あえ、白あえなど5〜6品が中鉢にたっぷりと。蕎麦のあとに供される漬けものは、糠漬け、粕漬け、甘酢漬けなどさまざまなものが彩りよく大皿に。

「野菜は信濃町のものが中心ですが、上越から松代まで、休みの日にいくつかの市場や直売所を回り、目に留まったものを買います。そして、素材を目の前にして何を作るか決める、それが楽しいんです。合いそうなものを組み合わせてみる、それも楽しい。蕎麦屋のつまみなのに、なんで中鉢や大皿か。ちまちました感じは好きじゃない。バンと出したいんです」。

A

B

C

D

F

G

E

A　最初に供される「季節の野菜料理」。この日は、赤大根とりんごのなます、コリンキーのルバーブジャム酢味噌あえ、こんにゃくの辛子あえ、赤軸ほうれん草と菊花のもろみ醤油あえ、柿とヤーコンとモロッコいんげんの白あえ。

B　野菜料理の次に供される「蕎麦の実雑炊」。秋はきのこ、冬は根菜、春は山菜、夏はじゅんさい、と季節によって組み合わせる食材が変わる。「伊賀の土楽さんの、この土鍋を使いたくて考えたメニューです」。

C　丁寧に作られた、フンワリもっちりの「そばがき」は、山葵《わさび》と醤油を添えて。思いのほか日本酒によく合う。

D　野菜と温かい料理をいただいてお腹がほどよくなったら、細切りの端正な「せいろ蕎麦」。蕎麦に合う酒として、新潟の「鄙願」を用意。

E　大皿で運ばれてくる「漬けもの盛り合わせ」。この日は、さるなしの実のシロップ漬け、ミニトマトの梅酢漬け、くらかけ豆のひたし豆、野沢菜漬け、セロリの粕漬け、菊芋、赤大根、はやとうり、きゅうり、人参の糠漬けなど10種あまり。蕎麦湯とともに楽しむ。

F　食後には「蕎麦ぜんざい」。

G　飯綱高原の別荘地の中に建つ「蕎麦 ふじおか」。長野県長野市上ヶ屋2471-2066　電話026－239－2677　11時30分～　完全予約制（10歳以下お断り）　金・土・日・月曜営業

晩酌を楽しむ、ちょっとした秘訣

家にあるもので作るのが身上

晩酌はおもてなしが前提ではないので、高価な食材を使ったり、凝った料理を作る必要はありません。あれがないと作れない、これがないとうまくできない、というものではなく、「あるものでちょいと作る」という考え方。冷蔵庫にある食材、買いおき食材にひと手間加えるだけで、酒の肴になります。

料理の手法を変える

季節の野菜は新鮮でおいしいから、酒のつまみの味方。同じ野菜であっても、料理の手法を変えるだけで、違ったおいしさがいろいろと楽しめます。調理法（ゆでる、炒める、焼く、揚げる、煮る、蒸すなど）を変える、味つけ（塩味、醤油味、味噌味、ピリ辛味、甘酢味など）を変えるなどして楽しみます。

小さめの調理道具を使う

少人数または1人分の晩酌料理には、大きな鍋やフライパンは不要。むしろ小さいサイズの方が、気軽にチャチャッと作れます。あると便利なのは、小さめの鍋、鉄のフライパン、小ぶりの揚げ鍋。網つきのボウルやバットも必須。また、まな板、ナイフ、スプーンなどのキッチンツールも小さめサイズでＯＫ。

晩酌スタイルにする

同じ料理でも、器や仕立てを変えるだけで晩酌スタイルになります。いつもは中鉢に盛る煮ものを小鉢に、いつもは大皿に盛って取り分ける揚げものを小皿に、豆や漬けもの、つくだ煮などは豆皿に。器を変えれば盛り方も変わり、酒器を添えれば、立派な酒の肴に変身します。

冷蔵庫にあったもやし、しめじ少し、梅干しで、あえもの一品。

いただきもののかまぼこを網で焼き、山葵漬けを添えて。

だし汁と梅干しで煮て、梅煮に。

茄子を揚げて、おろしあえや黒胡麻あえに。

つくだ煮が入っていた木製のふたはまな板に。包丁はペティナイフ、ブレックファストナイフ。

小さめの多重構造鍋と銅鍋、内側に網がセットさけたタイプの揚げ鍋、ミニフライパン。

折敷《おしき》、折敷代わりになるようなトレーを使うと、見た目が締まって料理もおいしそうにみえる。

豆皿、小皿、小鉢に盛りつけると、それだけで酒の肴に。

目次

豆皿で、野菜のおつまみを2、3品
8 菊花の酢のもの
もやしの梅あえ
じゃがいもの鮭あえ

季節に出回る緑色の野菜で
10 ほうれん草の梅おかかあえ
春の緑の野菜の金胡麻あえ
ピーマンのきんぴら

秋〜冬に楽しむ、野菜のひと皿
12 小芋の胡麻味噌あえ
蓮根のシャキシャキ炒め

夏に楽しむ、野菜のひと皿
14 夏野菜の青じそ味噌焼き

茄子を使って
16 茄子のくず仕立て
茄子の皮のきんぴら
18 揚げ茄子のおろしあえ
揚げ茄子の黒胡麻あえ
20 茄子と茗荷の味噌炒め
茄子の梅煮

野菜に衣をつけて揚げる
22 とうもろこしのかき揚げ
モロッコいんげんの天ぷら

揚げ野菜とオイルサーディンで
26 根菜とオイルサーディンのカレー風味

きのこを使ってあれこれ
28 焼き椎茸と青菜の海苔あえ
エリンギの網焼き
30 エリンギのかぼすあえ
舞茸の牛肉巻き

少しずつ残った野菜で
32 野菜とクルミのかき揚げ
揚げ里芋としめじの梅味噌のせ
たたきオクラのあえもの

長葱と味噌があれば
34 葱味噌おでん
焼き葱と味噌

お酒のアテにちょいとつまむもの
36 炙り笹かまぼこ
しらたきの炒り煮
昆布の酢醤油漬け
炒りぎんなん

こんにゃくを薄く切って
38 炒めこんにゃくと青葱
刺し身こんにゃく

油揚げ、豆腐、厚揚げで
40 油揚げと小松菜の煮びたし
油揚げの網焼き
42 豆腐と白子のもみじおろし
カリッと厚揚げ 山椒風味

卵があれば
44　卵黄の醤油漬け
炒り卵のおかか添え
卵焼き 染めおろし

小魚と糠漬けで晩酌
46　煮干しの甘辛おつまみ
うるめいわしの酢漬け
夏野菜の糠漬け
古漬けと青じそ

家にあるものでちょこっと
48　胡麻風味の炙り海苔
塩辛＆浅葱
切り干し大根の生姜胡麻あえ

常備している乾物と乾きもので
50　切り干し大根の炒め煮
52　大豆のメープル味噌あえ
たたみいわしの炙り
たたみいわしのカリカリ揚げ

かまぼこにひと手間加えて
54　揚げかまぼこと海苔のおつまみ
かまぼこの網焼き

作りおき、市販品で晩酌セット
56　アボカドと山葵
ぎんなんの塩ゆで
青いトマトの粕漬け
ままかりの酢漬けときゅうり
豆腐よう（市販）

まぐろの刺し身で
58　まぐろ、春菊、大根皮のオリーブ辛子醤油あえ
60　まぐろのオリーブ山葵醤油あえ

サーモンと筋子で
61　スモークサーモンと筋子、大根

いかで小鉢いろいろ
62　いかのたらこあえ
いか納豆
64　いかのとんぶりあえ
いかのさっと煮
いかゲソの網焼き

鮨のネタをおつまみに
66　焼き穴子
かにの生姜酢
たこの生姜酢

使い勝手のよいじゃこ、しらすで
68　じゃこと大根葉炒め
じゃこと伏見唐辛子の甘辛煮
しらすとクレソン おろしレモン醤油

魚介を網で焼く
70　あじの一夜干し
焼きがき

魚介を揚げる

72 才巻えびの素揚げ
豆あじの酢醤油漬け

牛たたきで3品

74 牛たたきの作り方
牛たたきのひと口にぎり

76 牛たたきの浅葱巻き
牛たたきの香り塩あえ

肉を網で焼く

78 牛肉の網焼き

肉を煮る

80 牛肉としめじの山椒煮
鶏肉、牛蒡、こんにゃくの炒り煮

肉を揚げる

82 鶏のから揚げ

84 豚肉のから揚げ

ひき肉と根菜を組み合わせて

86 根菜とひき肉スパイス炒め

ひき肉と蓮根で

88 ひき肉の蓮根はさみ揚げ
蓮根入り揚げ団子と玉葱

晩酌にはシンプル小鍋

92 豚肉と水菜の小鍋仕立て

炭をおこして、土鍋を囲む

94 土鍋ステーキ

96 魯山人《ろさんじん》風すき焼き
炭火で磯辺焼き

〆のご飯は簡単でシンプルなものを

98 はまぐりご飯
揚げ卵のせご飯

100 たたみいわしのご飯
カリカリナッツとしらすのご飯

煎り番茶でお茶漬け

102 なれずしのひと口茶漬け
くさや茶漬け

お酒のあとの焼きめし

104 玄米シンプル焼きめし
鮭焼きめしのおむすび

まだ飲みたい人も、もう食べたい人も

106 メープル味噌の焼きおむすび
おこげ

シンプルみそ汁、具だくさんみそ汁

108 しじみの味噌汁
豚汁

＊計量単位は、1カップ＝200㎖、大さじ1＝15㎖、小さじ1＝5㎖です。

＊ガスコンロの火加減は、特にことわりのない場合は中火です。

※塩は自然塩、こしょうは粗びき黒こしょうを使います。

※オリーブオイルはエキストラバージンオリーブオイル、ごま油は太白ごま油を使います。

※メープルシロップはエキストラライトを使います。さっぱりとした甘みなので、甘ったるくはしたくないが少し甘みが欲しいときに使うとよい。

豆皿で、野菜のおつまみを2、3品

もやしの梅あえ

材料・作りやすい分量
もやし　1袋
しめじ　1/3パック
梅肉　1～2個分

1　もやしはひげ根と芽を取り除き、しめじは1～2本ずつにほぐす。それぞれ熱湯でさっとゆで、ザルに上げて冷ます。

2　**1**に梅肉を加えてざっとあえる。

菊花の酢のもの

材料・作りやすい分量
食用菊（黄、紫）＊　各1パック
米酢　適量
塩　少々
＊黄菊だけでもよい。

1パック買ったら、まとめて作っておく。保存瓶に詰めて冷蔵庫に入れておくと、あえものやおすしに使えて便利。

1　菊は花びらを取り（花芯は苦いので残す）、それぞれ丸ザルに入れる。鍋に湯を沸かして酢少々（分量外）を加え、丸ザルごと浸してさっと湯通しし、水気を絞る。

2　保存瓶に半分の高さまで米酢を入れ、塩少々を入れて溶かし、**1**をそれぞれ入れ、上下にふる。

3　2色の菊を器に盛り合わせる。

じゃがいもの鮭あえ

材料・作りやすい分量
じゃがいも　1個
甘塩鮭　1/2切れ
オリーブオイル　少々
塩、こしょう　各少々

1　じゃがいもは皮をむき、せん切りにする。

2　鮭はグリルなどで焼き、皮と骨を取り除いて細かくほぐす。

3　フライパンにオリーブオイルを熱してじゃがいもを炒め、じゃがいもが透き通ってきたら鮭を加えて炒め合わせる。塩、こしょうで味を調える。

季節に出回る緑色の野菜で

ほうれん草の梅おかかあえ

材料・2人分
ほうれん草　小1束
梅干し　2個
削り節　適量
醤油　少々

1 ほうれん草はさっとゆで、ザルに上げて水気を絞り、食べやすい長さに切る。

2 梅干しは種を除いてたたき、ボウルに入れ、削り節を加え、醤油をたらす。**1**を加えてあえる。

春の緑の野菜の金胡麻あえ

材料・2人分
菜の花　5〜6本
アスパラガス　2〜3本
スナップえんどう　4〜5本
塩　少々
金炒り胡麻
（半ずりにしたもの）　大さじ2

1 菜の花は冷水に放してシャキッとさせる。アスパラガスは根元に近いかたい部分の皮をむく。スナップえんどうは筋を取る。

2 鍋に湯を沸かして塩少々(分量外)を加え、菜の花をさっとゆで、ザルに上げ、冷めたら水気を絞って食べやすい長さに切る。続いてアスパラガス、スナップえんどうもゆで、ザルに上げて水気をきる。

3 ボウルに合わせ、塩をふり、金胡麻を加えてあえる。

ピーマンのきんぴら

材料・2人分
ピーマン　3個
胡麻油　小さじ2
赤唐辛子の細切り　½本分
酒　大さじ1
醤油　大さじ1

1 ピーマンは種を取って縦細切りにする。

2 フライパンを熱して胡麻油をなじませ、ピーマンを入れて炒める。

3 赤唐辛子、酒、醤油を加え、汁気がなくなるまで、混ぜながら味を絡める。

秋〜冬に楽しむ、野菜のひと皿

小芋の胡麻味噌あえ

材料・作りやすい分量
里芋（小）　8個
味噌　大さじ1½
メープルシロップ*　大さじ½
金すり胡麻　大さじ大さじ1½〜2
煮きり酒　少々
*または砂糖小さじ1弱でもよい。

1 里芋は泥を洗い落としてザルにのせて乾かし、大きいものは半分に切る。

2 蒸気の立った蒸し器に**1**を入れ、7〜10分蒸す。竹串を刺してみてスーッと通るようになったら取り出し、皮をむく。

3 ボウルに味噌、メープルシロップ、胡麻を入れて混ぜ合わせ、煮きり酒を加えて混ぜやすいかたさにし、**1**を入れて絡めるようにしてよくあえる。

□ 蓮根のシャキシャキ炒め

材料・作りやすい分量
蓮根　½節
胡麻油　小さじ2
赤唐辛子の小口切り　1本分
米酢　大さじ⅔
酒　大さじ1
メープルシロップ*　小さじ1
醤油　大さじ⅔
*またはみりん大さじ½でもよい。

1 蓮根は5cm長さに切ってから1cm角の棒状に切り、酢水（分量外）に3～4分さらし、水気をきる。

2 鍋に胡麻油を熱して**1**を入れてよく炒め、赤唐辛子、酢、酒、メープルシロップ、醤油を加えてさらに炒めて味をなじませる。

夏に楽しむ、野菜のひと皿

夏野菜の青じそ味噌焼き

材料・作りやすい分量
さやいんげん　4～5本
伏見唐辛子
　または万願寺唐辛子　4～5本
赤唐辛子　1～2本
茗荷　2個
青じそ　20～25枚
味噌　適量
胡麻油　適量

1 さやいんげんは両端を切り落とし、半分の長さに切る。伏見唐辛子はそのまま、赤唐辛子は細切りにする。茗荷は縦4等分に切る。

2 青じそ2枚を味噌少々をのせて重ね、さやいんげん2本または伏見唐辛子1本をのせ、赤唐辛子を添えて味噌をぬる。青じそで巻き、巻き終わりは楊枝で留める。青じそが残ったら茗荷も同様にして巻き、巻き終わりは楊枝で留める。

3 フライパンを熱して胡麻油をなじませ、**2**を並べ入れ、上からも胡麻油少々を回しかける。はじめは動かさず、焼き色がついたら返して焼き上げる。

茄子を使って

茄子のくず仕立て

材料・2人分
茄子　2本
片栗粉　適量
ひたし汁
- だし汁　1カップ
- 酒　大さじ½
- 塩　小さじ½
- 醤油　小さじ¼

生姜のすりおろし　適量
青じそのせん切り　適量

1 ひたし汁を作る。鍋にだし汁、酒、塩、醤油を入れてひと煮立ちさせ、火を止めて冷まし、ボウルに移す。

2 茄子はヘタを取って皮をむき、棒状に切り、水にさらしてアクを抜き、水気を拭いて片栗粉をまぶす。皮はきんぴらに使うので捨てない。

3 鍋に湯を沸かし、**2**を適量ずつ入れてゆで、ゆで汁をきって熱いうちに**1**のひたし汁に入れる。粗熱が取れたら冷蔵庫で冷やす。

4 器に盛り、ひたし汁をかけ、生姜と青じそをのせる。

茄子の皮のきんぴら

材料・1〜2人分
茄子の皮　2本分
胡麻油　少々
赤唐辛子　½本
酒　小さじ2
醤油　小さじ1½

1 茄子の皮は細切りにする。

2 フライパンを熱して胡麻油をなじませ、**1**を入れて炒める。

3 赤唐辛子をちぎって加え、酒、醤油を入れ、汁気がなくなるまでさらに炒める。

揚げ茄子のおろしあえ

材料・2人分
茄子　2本
揚げ油　適量
大根おろし　適量
醬油　適量

1 茄子はヘタを取って縦半分に切り、皮目に細かく切り目を入れてから斜め半分に切る。

2 揚げ油を中温に熱し、1を入れて色よく揚げ、油をきる。

3 器に2の揚げ茄子の半量を盛り、大根おろしをのせて醬油をかける。その上に残りの揚げ茄子をのせ、大根おろしをのせて醬油をかける。

□揚げ茄子の黒胡麻あえ

材料・2人分
茄子　3本
揚げ油　適量
黒炒り胡麻　50g
メープルシロップ　大さじ1〜1½
醤油　大さじ1½

1 茄子はヘタを取って乱切りにする。
2 揚げ油を高温に熱し、1を切ったらすぐに入れ、少し色づく程度に揚げる。
3 ボウルに胡麻、メープルシロップ、醤油を入れて混ぜ合わせ、2を加えてあえる。

□茄子と茗荷の味噌炒め

材料・2人分
茄子　3本
茗荷　2個
胡麻油　大さじ2
味噌　大さじ1½
酒　少々
青じそ　5〜6枚

1　茄子はヘタを取ってひと口大の乱切りにする。茗荷は縦4〜6等分に切る。

2　鍋に胡麻油を熱して茄子を炒め、火が通ったら味噌を加えて炒め合わせる。酒を入れてのばし、茗荷を加えて火を止める。

3　青じそをちぎって加え、ざっと混ぜる。

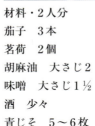

茄子の梅煮

材料・2人分

茄子　2～3本

だし汁　適量

酒　大さじ1

梅干し*　2～3個

*梅干しは丸のままでも、ちぎったものでもよい。種を入れてもよい。

1 茄子はヘタを取って縦に細長く切り込みを入れ、茶せん茄子にする。水にさらし、水気をきる。

2 鍋に1を入れ、だし汁をひたひたに注ぎ入れ、酒と梅干しを加える。梅と一緒に漬けたしその葉（分量外）があれば、それも加える。

3 落としぶたをして弱火で20分ほど煮る。粗熱が取れたら冷蔵庫で冷やす。

4 食べやすい大きさに切って器に盛り、煮汁をかけ、梅干しを添える。

野菜に衣をつけて揚げる

とうもろこしのかき揚げ

作り方は24ページ

モロッコいんげんの天ぷら

作り方は25ページ

とうもろこしのかき揚げ

材料・作りやすい分量
とうもろこし　1本
小麦粉　適量
衣
- 卵　½〜1個
- 冷水　¼カップ
- 小麦粉　½カップ弱

揚げ油　適量
塩　適量

1 とうもろこしは包丁で実をこそげ取り、小麦粉を薄くまぶす。

2 衣を作る。ボウルに冷水と卵を入れて混ぜ合わせ、小麦粉を加えてさっくりと混ぜる。**1**に適量加えて混ぜ合わせる。

3 揚げ油を中温に熱し、**2**を大きめのスプーンなどにのせて平らにし、すべらせるようにして入れる。はじめはいじらず、かたまってきたら返し、ときどき返しながらカラリと揚げる。

4 油をきって器に盛り、塩を添える。

モロッコいんげんの天ぷら

材料・作りやすい分量
モロッコいんげん　100g
小麦粉　適量
衣
- 卵　½個
- 冷水　¼カップ
- 小麦粉　½カップ弱

揚げ油　適量
塩　適量

1 モロッコいんげんは両端を切り落とし、小麦粉を薄くまぶす。

2 衣を作る。ボウルに冷水と卵を入れて混ぜ合わせ、小麦粉を加えてさっくりと混ぜる。1に適量加えて混ぜ合わせる。

3 揚げ油を中温に熱し、2をひとつずつ入れ、ときどき返しながらカラリと揚げる。油をきって器に盛り、塩をふる。

揚げ野菜とオイルサーディンで

根菜とオイルサーディンのカレー風味

材料・作りやすい分量
蓮根　½節
牛蒡（細め）　1本
人参　½本
揚げ油　適量
オイルサーディン　1缶
カレー醤油
　カレー粉　大さじ½
　醤油　大さじ1強

1 ボウルにカレー粉と醤油を入れて混ぜ、カレー醤油を作る。

2 蓮根は5㎜厚さの半月切りにし、牛蒡は縦長の乱切りにし、それぞれ水に放し、水気をきる。人参はひと口大の乱切りにする。

3 揚げ油を中温に熱し、蓮根を入れてほんのり色づくまで揚げ、油をきって**1**のボウルに入れる。続いて牛蒡と人参を入れて揚げ、油をきって**1**のボウルに入れる。

4 **3**のボウルにオイルサーディンを加え、ざっくりと混ぜ合わせる。

きのこを使ってあれこれ

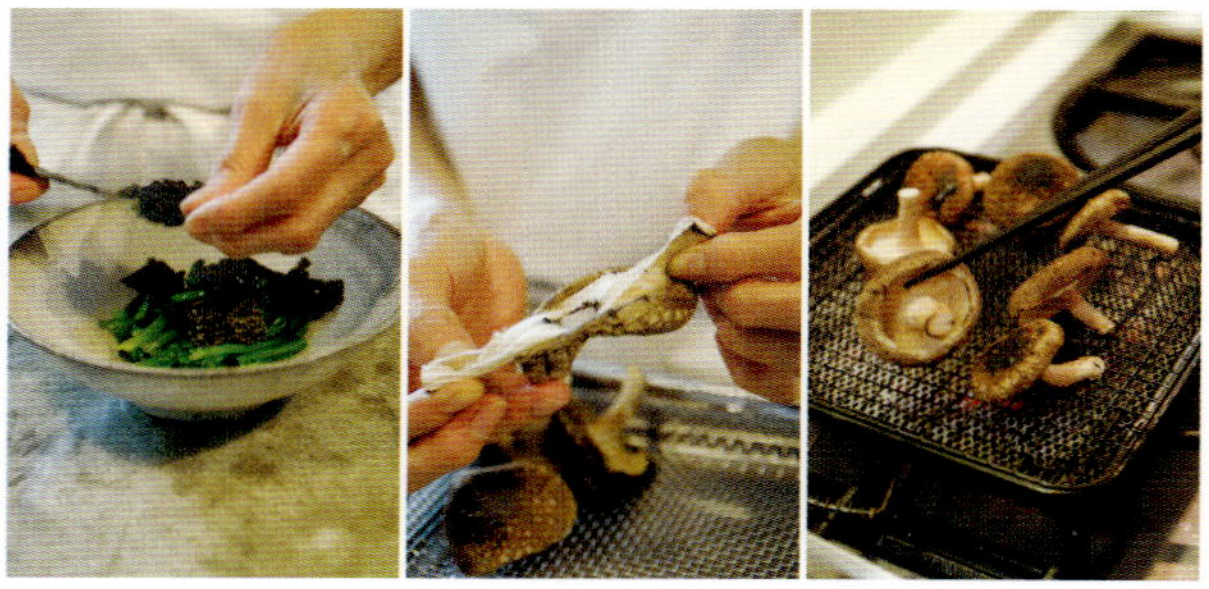

材料・2〜3人分
椎茸　7〜8個
ほうれん草　大½束
山葵のすりおろし　小さじ1〜2
醤油　少々
焼き海苔　1枚

焼き椎茸と青菜の海苔あえ

1 椎茸は石づきを取り、よく熱した焼き網で香ばしく焼く。食べやすい大きさにさく。

2 ボウルに山葵のすりおろしと醤油を混ぜ合わせ、**1**を加えてあえる。

3 ほうれん草は熱湯でさっとゆで、ザルに上げて水気を絞り、食べやすい長さに切る。醤油をふり、再度水気を絞る。

4 器に**3**を盛り、焼き海苔をちぎってのせ、**2**の椎茸を盛る。

エリンギの網焼き

材料・2人分
エリンギ　2本
すだち　適量
醤油　少々

1 焼き網をよく熱し、エリンギをのせ、ときどき転がしながら香ばしく焼く。

2 軸の下の部分をキッチンバサミで少し切り、手でさく。

3 器に盛り、すだちを搾り、醤油をたらす。

エリンギのかぼすあえ

材料・作りやすい分量
エリンギ（大） 1本
かぼすの搾り汁 ½個分
醤油 小さじ1
菊花の酢のもの（あれば。9ページ参照） 適量

1 エリンギは半分の長さに切り、縦4つ割りにする。

2 焼き網をよく熱し、**1**をのせ、ときどき転がしながら香ばしく焼く。

3 ボウルにかぼすの搾り汁と醤油を入れ、**2**を加えてあえる。

4 **3**を菊花の酢のものとともに器に盛る。

舞茸の牛肉巻き

材料・作りやすい分量
舞茸　1パック
牛薄切り肉（すき焼き用）　7枚
胡麻油　小さじ2
かぼす、柚子こしょう　各適量

1 舞茸は大きめにさき、牛肉を1枚ずつ巻きつける。

2 フライパンを熱して胡麻油をなじませ、1を入れ、牛肉に焼き色がついて舞茸に火が通るまで、ときどき返しながら焼く。

3 器に盛り、かぼす、柚子こしょうを添える。

少しずつ残った野菜で

野菜とクルミのかき揚げ

材料・作りやすい分量
野菜（枝豆、人参、蓮根、オクラ、
　しめじなど）　合わせて150ｇ
クルミ　30～40g
衣
　卵　1個
　水　½カップ強
　小麦粉　1カップ強
　ベーキングパウダー　小さじ1強
小麦粉　適量
揚げ油　適量
塩　適量

1 枝豆は薄皮をむく。人参、蓮根、オクラ、しめじ、クルミは枝豆と同じくらいの大きさに刻む。

2 衣を作る。ボウルに卵を割りほぐし、分量の水を加えて混ぜる。別のボウルに小麦粉とベーキングパウダーを入れ、卵液を加えてさっくりと混ぜ合わせる。

3 別のボウルに**1**の野菜を入れ、小麦粉を薄くまぶし、**2**の衣適量を加えて混ぜる。

4 揚げ油を低温に熱し、浅めのスプーンに**3**をのせて平たくし、すべらせるようにして油の中に入れる。はじめはいじらず、少しかたまってきたら返し、表面をたたいてかたくなるまでじっくりと揚げる。

5 器に盛り、塩を添える。

揚げ里芋としめじの梅味噌のせ

材料・作りやすい分量
里芋　1〜2個
しめじ　7〜8本
揚げ油　適量
梅味噌
- 梅肉　1個分
- 味噌　小さじ½
- 青じそ（刻んだもの）3枚分

1 里芋は皮をむいて輪切りにし、中温の揚げ油でほんのり色づくまで揚げ、油をきる。

2 しめじは1本ずつにし、**1**の揚げ油でさっと揚げ、油をきる。

3 器に**1**と**2**を盛り、梅味噌の材料を混ぜ合わせてのせる。

たたきオクラのあえもの

材料・2人分
オクラ　5本
きゅうり　½本
生姜　1片
青じそ　5枚
醤油　適量

1 オクラは小口切り、または細かく刻む。きゅうり、生姜、青じそは細かく刻む。

2 ボウルに**1**を入れ、醤油を加え、2分ほどおいてから、粘りが出るまでよく混ぜ合わせる。

長葱と味噌があれば

葱味噌だけでも酒の肴に。

葱味噌おでん

材料・作りやすい分量
大根　½本
厚揚げ　1枚
こんにゃく　1枚
だし汁（昆布と削り節でとったもの）
　3～4カップ
酒　大さじ2～3
醤油　大さじ1
塩　少々
葱味噌
　長葱の小口切り　1本分
　味噌　½カップ

1
大根は4～5cm厚さの輪切りにして皮をむき、半月に切って面取りをする。糠ひとつかみ（分量外）を加えた水で竹串がスーッと通るくらいまで下ゆでし、水洗いして糠を落とす。

2
厚揚げは熱湯にくぐらせて油抜きし、4～6等分に切る。こんにゃくは下ゆでし、表面に斜め格子状に切り目を入れ、厚揚げと同じくらいの大きさに切る。

3
鍋に**1**、**2**を入れてだし汁をたっぷりと注ぎ入れ、酒、醤油、塩で軽く味つけし、弱めの中火で45分ほど煮る。

4
葱味噌の材料を混ぜ合わせ、**3**に添える。

焼き葱と味噌

材料・作りやすい分量
長葱　1本
味噌　適量

1
長葱は4～5cm長さに切り、よく熱した焼き網で香ばしく焼く。

2
器に盛り、味噌をのせる。

お酒のアテに ちょいとつまむもの

炙り笹かまぼこ

材料・2人分
笹かまぼこ　4枚
柚子こしょう　適量

1 笹かまぼこは縦2〜3等分に切り、熱した焼き網で両面を炙る。
2 器に盛り、柚子こしょうを添える。

しらたきの炒り煮

材料・作りやすい分量
しらたき　1袋
胡麻油　小さじ1強
酒　大さじ1
醤油　大さじ½〜⅔
七味唐辛子　適量

1 しらたきは食べやすい長さに切って下ゆでし、ザルに上げて水気をきる。
2 鍋に胡麻油を熱してしらたきを入れ、しらたきの表面がチリチリするまで水分を飛ばしながらよく炒める。
3 2に酒と醤油を加え、チリチリするまでさらに炒める。仕上げに七味唐辛子を混ぜる。

昆布の酢醤油漬け

材料・作りやすい分量
だしをとったあとの昆布　7〜8cm
米酢　大さじ1½〜2
醤油　小さじ2〜3
赤唐辛子の細切り　1本分
生姜の細切り　1片分

1 昆布は細切りにしてボウルに入れ、酢と醤油、赤唐辛子を加えて味がなじむまで漬ける。
2 汁気をきり、生姜を加えて混ぜる。

炒りぎんなん

材料・作りやすい分量
ぎんなん　20粒くらい
粗塩　適量

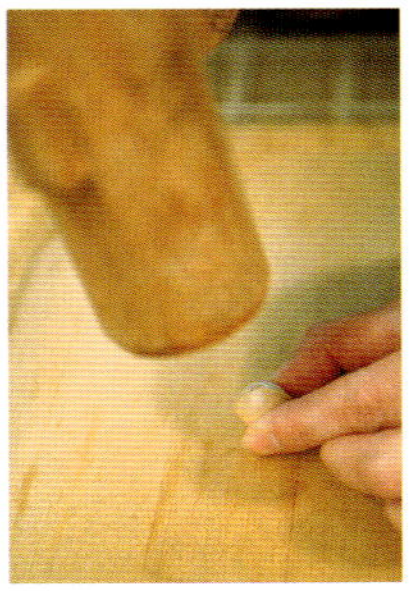

1 ぎんなんは縦に置き、木槌などでたたいて殻にひびを入れる。
2 深めのフライパンに1を入れ、粗塩を加え、色づくまで転がしながら弱火で炒る。

こんにゃくを薄く切って

炒めこんにゃくと青葱

材料・作りやすい分量
こんにゃく　½枚
胡麻油　小さじ½
赤唐辛子の小口切り　１本分
酒　小さじ２
醤油　小さじ１½〜２
青葱（わけぎ）　１本

1 こんにゃくは下ゆでし、水気をきり、ごくごく薄く切る。

2 鍋に胡麻油を熱して**1**を入れ、白い泡が出てチリッとしたら、さらに水分を飛ばすように炒め、赤唐辛子を入れてさらに炒める。酒、醤油を加え、汁気がなくなってチリチリとするまでさらに炒める。

3 青葱を小口切りにし、さらしに包んでもみ洗いし、水気を絞る。

4 器に**2**を盛り、**3**をのせる。

刺し身こんにゃく

材料・作りやすい分量
こんにゃく　½枚
生姜酢醤油
　生姜のすりおろし　１片分
　米酢　大さじ½
　醤油　大さじ⅔

1 こんにゃくは下ゆでし、水気をきり、ごくごく薄く切る。

2 器に盛り、生姜酢醤油の材料を混ぜ合わせてかける。

油揚げ、豆腐、厚揚げで

材料・作りやすい分量
油揚げ　1枚
小松菜　1束
だし汁　2½カップ
酒　大さじ1
醤油　大さじ1
塩　少々

油揚げと小松菜の煮びたし

1 油揚げは熱湯にくぐらせて油抜きをし、ザルに上げる。粗熱が取れたら水気を絞り、半分に切ってから対角線に切り、三角にする。

2 小松菜は4cm長さに切り、軸と葉に分ける。

3 鍋にだし汁、酒、醤油、塩を入れて煮立て、油揚げを入れて3〜4分煮、小松菜の軸を加えてさらに煮る。小松菜の軸がしんなりしたら葉を加えてひと煮立ちさせ、火を止める。

4 少しおいて味を含ませる。

油揚げの網焼き

材料・2人分
油揚げ　1枚
長葱の醤油あえ
長葱　⅓本
醤油　適量
七味唐辛子　少々

1 長葱の醤油あえを作る。長葱は小口切りにしてボウルに入れ、醤油を加えてあえ、七味唐辛子をふって混ぜる。

2 焼き網をよく熱し、油揚げをのせ、両面香ばしくなるまで焼く。4等分に切る。

3 器に**1**と**2**を交互に重ねて盛る。

長葱の醤油あえを小皿に盛れば、それだけで酒の肴に。

豆腐と白子のもみじおろし

材料・作りやすい分量
豆腐（絹ごし） 1丁
たらの白子 適量
昆布 5〜6cm
もみじおろし
　大根 5cm
　赤唐辛子のみじん切り 2本分
九条葱（青い部分）の小口切り 適量

1 もみじおろしを作る。大根は皮をむいてすりおろし、赤唐辛子を混ぜ、ザルなどに入れて水気をきる。

2 鍋に昆布を入れて水適量（分量外）を加え、静かに煮始める。

3 豆腐は2〜4等分に切る。白子はそっと洗い、キッチンバサミで筋を切り、食べやすい大きさに切り分ける。

4 **1**の鍋に豆腐と白子を入れ、静かにゆでて中まで温める。

5 器に**4**を盛り、もみじおろしと九条葱をのせる。

カリッと厚揚げ 山椒風味

材料・作りやすい分量
厚揚げ　1枚
揚げ油　適量
塩、粉山椒　各少々

1 厚揚げは8〜12等分に切り、ペーパータオルの上において水気をしっかりときる。

2 揚げ油を中温に熱し、**1**を入れ、徐々に温度を上げながら表面がきつね色になってカリッとするまで揚げる。

3 粉山椒と塩を混ぜて、**2**にまぶす。

卵があれば

卵黄の醤油漬け

材料・3人分
卵黄　3個分
醤油　適量
山芋　5cm

1 卵黄は1個ずつ小さい容器に入れ、醤油をひたひたに注ぎ、冷蔵庫でひと晩おく。

2 山芋は皮をむいて酢水（分量外）に3～4分つけ、ざく切りにしてビニール袋に入れ、木槌でたたく。

3 器に**2**を盛り、真ん中に**1**をのせる。

卵焼き　染めおろし

1 大根は皮を厚めにむいてすりおろし、ザルに入れて自然に水気をきる。大根の葉があればさっとゆでて小口切りにし、大根おろしに加える。

炒り卵のおかか添え

材料・2人分
卵　1個
胡麻油　小さじ1〜2
削り節　5g
醤油　少々

1 卵はボウルに割りほぐす。

2 フライパンを熱して胡麻油をなじませ、**1**をいっきに流し入れて大きくかき混ぜ、ふんわりと火を通す。半熟状態ですぐに器に盛る。

3 削り節に醤油をたらして混ぜ、**2**に添える。

材料・作りやすい分量
卵　4個
塩　ひとつまみ
酒　大さじ2
メープルシロップ　大さじ2
胡麻油　適量
大根　適量
醤油　少々

2 卵はボウルに割りほぐし、塩、酒、メープルシロップを混ぜる。

3 フライパンに胡麻油を入れてよく熱し、**2**の1/4量を流し入れてざっと混ぜ、かたまりはじめたら手前に寄せる。空いたスペースに胡麻油をなじませ、**2**の1/3量を流し入れ、卵焼きの下に箸を入れて持ち上げ、下にも卵液を流し込む。これをあと2回繰り返してふんわりとした卵焼きを仕上げる。

4 食べやすい大きさに切り分けて器に盛り、大根葉を混ぜた大根おろしをのせ、醤油をたらす。

小魚と糠漬けで晩酌

煮干しの甘辛おつまみ

材料・作りやすい分量
煮干し　軽くひとつかみ
酒　大さじ1
醤油　小さじ2
メープルシロップ
　またはみりん　小さじ1
粉山椒　適量

1 フライパンに煮干しを入れて炒り、酒、醤油、メープルシロップを加えて汁気がなくなるまでさらに炒る。

2 器に盛り、粉山椒をふる。

夏野菜の糠漬け

材料・作りやすい分量
糠漬け
　（茄子、きゅうり、茗荷）　適量
生姜のすりおろし　適量

1 糠漬けは洗って水気を拭き、それぞれごく薄切りにする。

2 1を手でギュッと水気を絞ってボウルに入れ、生姜を加えて混ぜる。

うるめいわしの酢漬け

材料・作りやすい分量
うるめいわし
　（丸干し。かため）　10〜12尾
揚げ油　適量
米酢　1/3カップ
赤唐辛子（刻んだもの）　1〜2本

1 うるめいわしは中温の揚げ油でカリッと香ばしくなるまで揚げる。

2 1をボウルに入れ、米酢と赤唐辛子を加え、ときどき上下を返して30分以上おく。

古漬けと青じそ

材料・作りやすい分量
大根の糠漬け（古漬け）　適量
青じそ　2〜3枚
新生姜　1片

1 大根の糠漬けは短冊切りにする。

2 青じそは細切りにし、新生姜は細切りにする。青じそは冷水に放してシャキッとさせ、水気をきる。

3 器に1と2を交互に重ねて盛る。

家にあるもので
ちょこっと

塩辛&浅葱

材料・作りやすい分量
かつおの塩辛　適量
浅葱の小口切り　適量
米酢　少々

1 器に浅葱を入れ、塩辛をのせ、米酢をたらす。

胡麻風味の炙り海苔

材料・作りやすい分量
焼き海苔　1〜2枚
胡麻油　適量
粗塩　少々

1 海苔は半分に切り、裏面（ザラザラしている面）に刷毛で胡麻油をぬり、粗塩をふる。

2 胡麻油をぬった面を合わせ、焼き網の上から直火で炙る。

3 食べやすい大きさに切り分ける。

切り干し大根の生姜胡麻あえ

材料・作りやすい分量
切り干し大根（乾）　25g
生姜　小1片
醤油　少々
金炒り胡麻（半ずり）　大さじ1

1 切り干し大根はもみ洗いし、たっぷりの水につけて戻し、水気を絞る。さらに、さらしに包んでしっかりと水気を絞り、食べやすい長さに切る。

2 生姜はみじん切りにする。

3 ボウルに**2**、醤油、金炒り胡麻を入れ、**1**を加えてあえる。

常備している
乾物と乾きもので

切り干し大根の炒め煮

材料・作りやすい分量
切り干し大根（乾）　40g
油揚げ　1枚
人参　3cm
赤唐辛子のみじん切り　1本分
胡麻油　少々
米酢　大さじ1½
醤油　大さじ1〜1½
メープルシロップ*　大さじ⅔〜1
金すり胡麻　適量
*またはみりん大さじ1〜1½でもよい。

1
切り干し大根はもみ洗いし、たっぷりの水につけて戻し、水気をしっかりと絞る。食べやすい長さに切る。

2
油揚げは熱湯にくぐらせて油抜きをし、切り干し大根と同じくらいの細さに切る。人参も同じくらいの細さに切る。

3
鍋に胡麻油を熱して**2**をじっくりと炒め、**1**、赤唐辛子を加えて炒め合わせる。酢、醤油、メープルシロップを加え、汁気がなくなるまで混ぜながら味を含ませる。醤油少々（分量外）で味を調える。

4
バットなどに移して冷まし、味を落ち着かせる。

5
胡麻を加え、ざっくりと混ぜ合わせる。

大豆のメープル味噌あえ

材料・作りやすい分量
大豆（1時間以上水につけておいたもの） 1カップ
胡麻油 少々
メープルシロップ 大さじ1
味噌 大さじ2

1 フライパンを熱して胡麻油をなじませ、大豆を入れ、焼き色がつくまで炒める。

2 1にメープルシロップと味噌を加え、大豆に絡めるようにしてさらに炒める。

たたみいわしの炙り

材料・作りやすい分量
たたみいわし 2枚
醤油 少々

1 焼き網をよく熱し、たたみいわしをのせて軽く色づくまで炙る。

2 食べやすい大きさに手で割り、醤油をたらす。

たたみいわしのカリカリ揚げ

材料・作りやすい分量
たたみいわし　2枚
揚げ油　適量
メープル醤油だれ
　醤油　大さじ1
　メープルシロップ*　大さじ⅔
*またはみりん大さじ1でもよい。

1　たたみいわしは中温の揚げ油でカリッと香ばしく揚げ、油をきる。

2　鍋に醤油とメープルシロップを入れて火にかけ、少し煮詰め、1を加えてさっと絡める。

かまぼこに
ひと手間加えて

揚げかまぼこと海苔のおつまみ

材料・2人分
かまぼこ　½本
焼き海苔　1枚
揚げ油　適量
醤油　小さじ2〜3
白髪葱
（長葱　½本

1 白髪葱を作る。長葱は5㎝長さに切り、縦に切り込みを入れて芯を除き、繊維に沿って細いせん切りにする。氷水に放して少しおき、シャキッとしたら水気をきる。

2 かまぼこはごくごく薄く切り、焼きのりは8等分に切る。揚げ油を中温に熱し、かまぼこを入れて縁がカリッとするまで揚げる。続いて焼き海苔を入れてさっと揚げる。かまぼこには醤油をさっと絡める。

3 器に海苔、白髪葱、海苔、かまぼこの順に重ねていき、一番上に白髪葱を山高に盛る。盛りつけは自在に。

かまぼこの網焼き

材料・2人分
かまぼこ　⅓本
山葵漬け　適量

1 かまぼこは7〜8㎜厚さに切り、よく熱した焼き網で香ばしく焼く。

2 器に盛り、山葵漬けを添える。

作りおき、市販品で晩酌セット

アボカドと山葵

材料・作りやすい分量
アボカド　½個
レモンの搾り汁　少々
山葵のすりおろし　適量
木の芽　適量

1 アボカドは種を取り除き、レモン汁をふる。
2 大きめのスプーンで果肉をすくい取り、山葵をのせ、木の芽をあしらう。

ぎんなんの塩ゆで

材料・作りやすい分量
ぎんなん　10粒

1 ぎんなんは縦に置き、木槌などでたたいて殻を割り、取り出す。
2 鍋に少量の湯を沸かし、塩少々(分量外)を加え、1を薄皮がついたまま入れる。網じゃくしを軽く押しつけてころころと転がして薄皮を取りながら、2分ほどゆでる。
3 ザルに上げて水気をきる。

青いトマトの粕漬け

材料・作りやすい分量
グリーントマト　1kg
塩　トマトの重量の5%
粕床
やわらかい上質の酒粕　500g

1 グリーントマトは横半分に切り、大きければ4つに切り、種を取る。塩と交互に漬け樽に入れ、5kgほどの重しをする。水が出てくるまでそのまま数日おき、重しが傾かないように漬け直す。半月ほど虫が入らないように養生をして漬けたままにする。
2 取り出して水分を拭き取り、ザルに並べて風に当てて乾くまで干す。
3 保存容器に酒粕を入れ、2を漬ける。頭が出ないようにしっかりと酒粕で覆って冷蔵庫で1年おく。奈良漬けのような味わいになる。
4 粕床から取り出し、洗って水気を拭き、食べやすい大きさに切る。

ままかりの酢漬けときゅうり

材料・作りやすい分量
ままかりの酢漬け(市販)　3枚
きゅうり　½本
生姜のすりおろし　少々

1 きゅうりは縦薄切りにし、塩水につける。少ししんなりとして塩味がついたら取り出し。水気を拭く。
2 1のきゅうりとままかりを交互に重ねて層にする。
3 食べやすい大きさに切って器に盛り、生姜をのせる。

豆腐よう(市販)

まぐろの刺し身で

まぐろ、春菊、大根皮のオリーブ辛子醤油あえ

材料・2人分
まぐろ（中トロまたは赤身）　100g
春菊　½束
大根の皮（厚めにむいたもの）＊　4cm分
オリーブオイル　大さじ1〜2
練り辛子　小さじ1
醤油　小さじ1強〜2
＊大根の皮は半日ほど天日干しにし、半干しにしたものを使うのがベター。

1 まぐろは1.5〜2cm角の食べやすい大きさに切る。春菊はかためにゆで、ザルに上げて水気を絞り、食べやすい長さに切る。大根皮は短冊切りにする。

2 オリーブオイル、練り辛子、醤油を混ぜ合わせ、**1**をそれぞれあえる。

3 器にまぐろ、春菊、大根皮を盛り合わせる。全体に混ぜ合わせていただく。

全体に混ぜ合わせ、各自の取り皿へ。

大根おろしを作る際に不要になった大根の皮を使う。これだけでも酒の肴になる。

まぐろのオリーブ山葵醤油あえ

材料・2人分
まぐろ（中トロまたは赤身）　100g
山葵のすりおろし　小さじ1
オリーブオイル　大さじ1強
醤油　大さじ1強
ブロッコリースプラウト　適量
芽葱　適量

1 まぐろは1.5～2cm角に切る。

2 ボウルに山葵のすりおろし、オリーブオイルを入れて混ぜ合わせ、**1**を加えてあえ、醤油を加えて混ぜ合わせる。

3 器に**2**、ブロッコリースプラウト、芽葱を重ねながら盛る。

サーモンと筋子で

□スモークサーモンと筋子、大根

材料・作りやすい分量

スモークサーモンと大根の柚子風味

- スモークサーモン　2〜3枚
- 大根　3〜4㎝
- 塩　少々
- 柚子　½個

筋子の大根のせ

- 筋子の塩漬け　適量
- 大根　適量

1 スモークサーモンと大根の柚子風味を作る。スモークサーモンはひと口大に切る。大根は薄切りにして食べやすい大きさに切り、塩もみする。

2 柚子は中身をくり抜き、底になる部分の皮を薄くそぎ、身は果汁を搾る。

3 ボウルに**1**を入れ、**2**の柚子の皮と搾り汁を加えてあえ、くり抜いた柚子を器代わりに盛る。

4 筋子の大根のせを作る。大根は薄切りにして四角く切り、筋子を適量ずつのせる。

いかで小鉢いろいろ

材料・2人分
いか（胴の部分。皮をむいたもの）＊
½ぱい分
納豆　1パック
醤油　適量
練り辛子　少々
浅葱の小口切り　適量
＊赤いか、やりいか、あおりいかなどで。

いか納豆

1 いかは1.5〜2㎝角に切る。
2 ボウルに納豆を入れてよくかき混ぜ、醤油、練り辛子を加えてさらによくかき混ぜる。
3 2にいかと浅葱を加えてあえる。

いかのたらこあえ

1 いかは細切りにし、たらこは薄皮を取る。
2 ボウルにいかとたらこを入れ、たらこに酒を加えてのばし、いかをあえる。
3 器に青じそを敷き、2を盛り、穂じそを散らす。

材料・2人分
いか（胴の部分。皮をむいたもの）＊
½ぱい分
たらこ　大½腹
酒　小さじ1
青じそ、穂じそ　各適量
＊赤いか、やりいか、あおりいかなどで。

いかで小鉢いろいろ

いかのとんぶりあえ

材料・2人分
いか（胴の部分。皮をむいたもの）＊　½ぱい分
とんぶり　大さじ2
酒、塩　各少々
芽葱　適量
＊赤いか、やりいか、あおりいかなどで。

1 いかは2㎝角に切る。
2 ボウルにいかととんぶりを入れ、酒、塩を加えて味を調える。
3 器に2、芽葱を適量ずつ交互に重ねながら盛る。

いかのさっと煮

材料・2人分
いか（胴の部分。皮をむいたもの）＊　½ぱい分
酒　¼カップ
醤油　大さじ3
メープルシロップ　またはみりん　大さじ½
生姜のせん切り　1片分
＊赤いか、やりいか、あおりいかなどで。

1 いかは輪切りにする。
2 鍋に酒、醤油、メープルシロップを入れて火にかけ、1を入れてさっと煮、いったん取り出す。
3 2の煮汁をとろりとするまで煮詰め、いかを戻し入れて強火で絡め、生姜を加えて混ぜる。

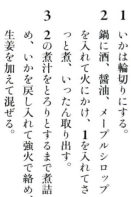

いかゲソの網焼き

材料・作りやすい分量
いかのゲソ、エンペラ*　2はい分
塩　適量
酒　大さじ2
粉山椒　適量
＊赤いか、やりいか、あおりいかなどで。

1 ゲソはそのまま、または大きければ3〜4本ずつに分ける。エンペラも大きければ半分に切る。塩と酒をまぶす。

2 焼き網を熱し、1をのせ、焼き色がついて香ばしくなるまで焼く。

3 器に盛り、粉山椒をふる。

鮨のネタをおつまみに

焼き穴子

材料・2人分
穴子（ひらいたもの）　1尾分
塩　少々
実山椒の醤油漬け＊　適量

1 穴子は軽く塩をふり、焼きやすい長さに切る。
2 焼き網をよく熱し、1を皮目を下にしてのせ、焼き色がついたら返し、両面香ばしく焼く。
3 器に盛り、実山椒の醤油漬け（軸つきのまま）を添える。

＊青い実山椒は軸をつけたまま保存瓶に入れ、かぶるくらいの醤油を注ぎ入れ、醤油に香りが移るまでおく。1年以上保存可。

かにの生姜酢

材料・２人分
ずわいがにの足　6～8本
米酢　小さじ2
醤油　小さじ1
生姜のすりおろし　1片分

1 器にかにを盛り、米酢、醤油、生姜のすりおろしを混ぜ合わせてかけ、味をなじませる。

たこの生姜酢

材料・２人分
ゆでだこの足（刺し身用）　1本
米酢　大さじ1½
醤油　大さじ1～1½
生姜のすりおろし　1片分

1 たこはひと口大のぶつ切りにする。
2 ボウルに**1**を入れ、酢、醤油、生姜のすりおろしを加えて混ぜる。

使い勝手のよい じゃこ、しらすで

◻じゃこと大根葉炒め

材料・作りやすい分量
じゃこ　½カップ
大根葉　1本分
胡麻油または
　オリーブオイル　少々
赤唐辛子の小口切り　少々
生姜のみじん切り　1片分
塩　少々

1 大根葉は小口切りにし、塩少々（分量外）をふって手でしっかりともみ、水気が出たらさらしで包んで水気を絞る。

2 フライパンを熱して胡麻油をなじませ、1を入れて水気を飛ばしながら弱火で炒め、サラッとしたら赤唐辛子、生姜、じゃこを加えて炒め合わせる。塩気が足りなければ、塩をふる。

◻じゃこと伏見唐辛子の甘辛煮

材料・作りやすい分量
じゃこ　½カップ
伏見唐辛子またはししとう
　10〜15本
胡麻油　少々
酒　大さじ2
醤油　大さじ1½
メープルシロップ
　大さじ1½

1 鍋に胡麻油を熱してじゃこをよく炒め、伏見唐辛子を加えて炒め合わせる。

2 酒、醤油、メープルシロップを加え、汁気がなくなるまで炒め煮にする。

しらすとクレソン　おろしレモン醤油

材料・作りやすい分量

- 釜上げしらす　½カップ
- クレソン　2束
- 大根おろし　適量
- レモン醤油
  - レモンの搾り汁　½個分
  - 醤油　小さじ2〜3

1 クレソンは熱湯でさっとゆで、水にとってザルに上げる。水気を絞り、食べやすい長さに切る。

2 レモン醤油の材料は混ぜ合わせる。

3 器にクレソンを敷いて大根おろしをのせ、レモン醤油をかけ、しらすをたっぷりとのせる。

魚介を網で焼く

あじの一夜干し

材料・作りやすい分量
あじ（3枚におろしたもの）　2尾分
塩　少々
すだち　適量

1 あじは骨を抜き、両面に塩をふり、角ザルに並べ、ふたをしないで冷蔵庫にひと晩入れて乾燥させる。

2 食べやすい大きさに切り、よく熱した焼き網で焼く。

3 器に盛り、すだちを添える。
※すぐに食べないときは、食べやすい大きさに切ってから1枚ずつラップで包み、冷凍庫で保存しておくとよい。

焼きがき

材料・作りやすい分量
生がき
（上殻を取りはずしたもの）　5個
酒　少々
レモン　適量

1 焼き網をよく熱し、かきをのせて酒をふり、焼く。かきがぷっくらとしてきたら焼き上がり。

2 器に塩を5カ所に置き、塩の上にかきを殻ごと置いて固定し、レモンをくし形に切って添える。

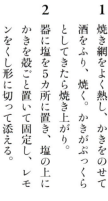

魚介を揚げる

才巻えびの素揚げ

材料・2人分
才巻えび（有頭・殻つき） 4尾
片栗粉 適量
揚げ油 適量
塩、粉山椒 少々

1 才巻えびは頭と胴の間に裏側から包丁を入れ、頭を引き、背ワタを取る。尾を残して殻をむく。頭も一緒にペーパータオルの上に並べて水気を取り、身には片栗粉をはたきつける。

2 揚げ油を高温に熱し、才巻えびの身を入れ、揚げる。揚げ油の温度を下げて頭を入れ、パリパリに揚げる。油をきり、塩をふる。

3 器に2を盛り、粉山椒をふる。

豆あじの酢醤油漬け

材料・作りやすい分量
豆あじ（下処理したもの）　15尾
酢醤油
- 米酢　⅔カップ
- 醤油　½カップ
- 赤唐辛子　２本

揚げ油　適量
紫玉葱　適量

1 豆あじはペーパータオルで水気を拭く。

2 バットや保存容器に酢醤油の材料を入れて混ぜ合わせる。

3 揚げ油を中温に熱し、**1**を入れ、徐々に温度を上げながらパリッとするまで揚げる。揚げたてを**2**に加えて味がなじむまでおく。

4 紫玉葱をごく薄く切って器に敷き、**3**を盛る。

牛たたきで3品

□牛たたきを作る（作りやすい分量）

1 フライパンを熱してオリーブオイル少々をなじませ、牛ランプ肉（かたまり）300gを入れ、ときどき返しながら6分ほど焼く。

2 表面全体にしっかりと焼き色をつけ、熱いうちに厚手のアルミホイルで包み（薄いものを使うときは2～3重にする）、粗熱が取れるまでおく。

3 フライパンに残った焼き汁に醤油大さじ3を加えて煮立て、冷ましてたれにする。

4 当日使わなかった牛たたきは3のたれとともに保存袋に入れて冷蔵庫へ。

□牛たたきのひと口にぎり

材料・2人分
牛たたき（薄切りにしたもの）　6枚
ご飯　茶碗2杯分
たれ（上記参照）　少々
山葵のすりおろし　適量

1 牛たたきはアルミホイルから取り出し、薄切りにする。

2 手に水をつけ、ご飯を6等分にし、それぞれ細長い形ににぎる。

3 2に1の牛たたきを1枚ずつのせて形を整え、刷毛でたれをぬり、山葵のすりおろしをせる。

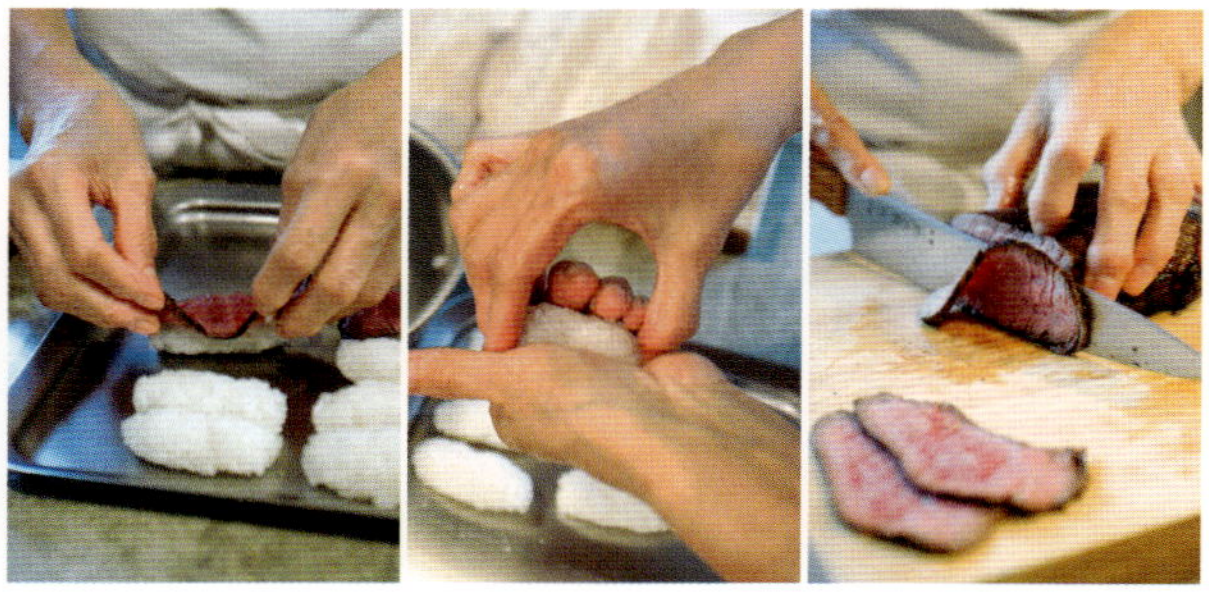

牛たたきの浅葱巻き

材料・2人分
牛たたき（薄切りにしたもの）　5〜6枚
浅葱　4〜5本
山葵　適量
たれ（74ページ参照）　少々

1 牛たたきはアルミホイルから取り出し、薄切りにする。
2 浅葱は3〜4等分の長さに切る。山葵は皮をむき、せん切りにする。1に適量ずつのせ、巻く。
3 器に盛り、牛たたきの上面に刷毛でたれをぬる。

牛たたきの香り塩あえ

材料・2人分
牛たたき　100g
生姜のみじん切り　1片分
粗塩（フルール・ド・セル）　少々
浅葱の小口切り　3本分
青じその細切り　5枚分

1 牛たたきは1.5㎝角に切る。
2 ボウルに**1**、生姜、塩を入れて混ぜ合わせ、浅葱、青じそを加えてあえる。

肉を網で焼く

牛肉の網焼き

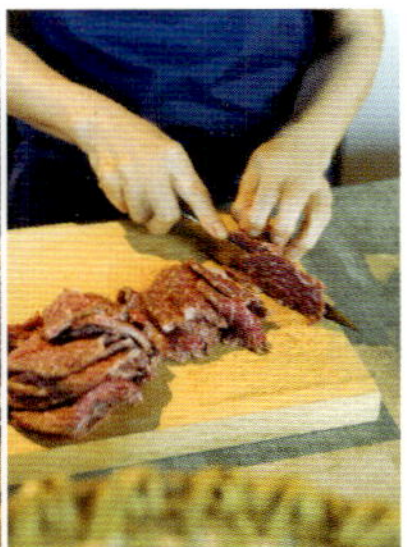

材料・2人分
牛ランプ肉（かたまり）　200g
牛肉の下味
- にんにくのすりおろし　1片分
- 酒　大さじ2
- みりん　大さじ½
- 醤油　大さじ2

胡麻油　少々
白炒り胡麻　適量
フリルレタスなどのレタス類　適量

1 牛肉は5㎜くらいの厚さに切り、下味の材料を加えてもみ込む。

2 焼き網をよく熱し、**1**を数枚ずつ並べてのせ、焼き色がつくまで両面焼く。

3 バットに胡麻油を薄く広げ、**2**が焼けたら入れて両面絡め、胡麻をまぶす。

4 器にレタス類を敷き、**3**を盛る。

肉を煮る

牛肉としめじの山椒煮

材料・2人分
牛薄切り肉　100g
しめじ　1パック
醤油　大さじ1½〜2
酒　大さじ2
みりん　大さじ⅔〜1
実山椒の醤油漬け
（あれば。66ページ参照）　適量
粉山椒　少々

1 牛肉は食べやすい大きさに切る。しめじはほぐす。

2 鍋に醤油、酒、みりんを入れて煮立て、牛肉を入れる。牛肉の色が変わったら、しめじを加える。

3 実山椒を加え、汁気がなくなるまで煮て味をなじませ、手早く仕上げて粉山椒をふる。

鶏肉、牛蒡、こんにゃくの炒り煮

材料・作りやすい分量
鶏もも肉　½枚
鶏肉の下味
　醤油　小さじ1
　酒　小さじ1
牛蒡（細め）　1本
こんにゃく　½枚
胡麻油　少々
酒　大さじ2
醤油　大さじ1½〜2
七味唐辛子　適量

1
鶏肉はひと口大に切り、醤油と酒をまぶして下味をつける。

2
牛蒡は乱切りにして酢水(分量外)に3〜4分さらし、水気をきる。こんにゃくは下ゆでし、ひと口大にちぎる。

3
鍋に胡麻油を熱して1を炒め、2を加えて炒める。酒、醤油を加え、ふたをして弱火で煮る。好みでみりん少々（分量外）を入れても。

4
鶏肉と牛蒡に火が通ったらふたを取り、火を強め、煮汁を絡めながら照りよく煮上げる。

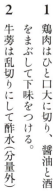

肉を揚げる

鶏のから揚げ

材料・作りやすい分量
鶏もも肉　1枚
鶏肉の下味
- 生姜のすりおろし　1片分
- にんにくのすりおろし　½片分
- 酒　大さじ1
- 醤油　大さじ1

じゃがいも　1個
片栗粉　適量
揚げ油　適量
粗びき黒こしょう　適量

1 鶏肉はひと口大に切ってボウルに入れ、下味の材料を加えて混ぜ、30分ほどおく。

2 じゃがいもは皮をむいて薄切りにし、水にさらす。1分ほど塩ゆでし、水気をきる。

3 揚げ油を中温に熱し、**2**を入れ、うっすらと揚げ色がつくまで揚げ、油をきる。

4 **1**の汁気をきって片栗粉をまぶし、手でにぎるようにしてしっかりとつけ、**3**の揚げ油に入れる。きつね色にカラリと揚げ、油をきる。

5 器に**4**を盛ってじゃがいもを添え、こしょうをふる。

豚肉のから揚げ

材料・作りやすい分量
豚肩ロース肉（かたまり）　200g
豚肉の下味
- 醤油　大さじ1½〜2
- 酒　大さじ1
- 生姜のすりおろし　1片分
- にんにくのすりおろし　½片分

小麦粉　適量
揚げ油　適量
ブロッコリー（ゆでたもの）　適量

1 豚肉はひと口大に切ってボウルに入れ、下味の材料を加えてよく混ぜ、少しおく。

2 **1**の汁気をきって小麦粉をまぶしつけ、握りこむようにしてしっかりと小麦粉をつける。

3 揚げ油を中温に熱し、**2**を入れ、徐々に温度を上げながらじっくりと火を通し、きつね色に仕上げる。

4 ブロッコリーとともに器に盛る。

ひき肉と根菜を組み合わせて

□根菜とひき肉スパイス炒め

材料・作りやすい分量
蓮根　小1節
牛蒡（細め）　1本
揚げ油　適量
ひき肉スパイス炒め
- 豚ひき肉　100g
- オリーブオイル　適量
- にんにくのみじん切り　1片分
- 生姜のみじん切り　1片分
- 醤油　大さじ1強
- カレー粉　大さじ2
- クミンパウダー　小さじ$\frac{2}{3}$〜1
- クローブパウダー　小さじ$\frac{2}{3}$〜1
- 赤唐辛子のみじん切り　1本分

1
ひき肉スパイス炒めを作る。フライパンにオリーブオイルを熱し、ひき肉を入れてカリカリになるまで炒める。にんにく、生姜、醤油を加えてさらに炒め、カレー粉、クミンパウダー、クローブパウダー、赤唐辛子を加えて混ぜる。

2
蓮根は縦4つ割りにし、縦長の乱切りにする。牛蒡も縦長の乱切りにする。

3
揚げ油を中温に熱し、**2**を入れてじっくりと揚げ、中まで火を通す。

4
3を**1**に加えて混ぜ合わせる。

ひき肉と蓮根で

□ひき肉の蓮根はさみ揚げ

作り方は90ページ

蓮根入り揚げ団子と玉葱

作り方は91ページ

ひき肉の蓮根はさみ揚げ

材料・2人分
豚ひき肉
（または、たたいたもの） 50g
塩 小さじ⅓
蓮根 ½節
衣
〔小麦粉、水* 各適量
揚げ油 適量
*小麦粉と水は1対1弱の割合。

1 ひき肉は塩を混ぜて下味をつける。
2 蓮根は1㎝厚さに切り、酢水（分量外）に放し、水気を拭き取る。2枚一組にして1をはさむ。
3 ボウルに小麦粉を入れ、水を少しずつ加えて糊くらいのかたさの衣にする。
4 揚げ油を中温に熱し、2を3の衣にくぐらせて静かに入れ、じっくりと揚げて中まで火を通す。網を敷いたバットに取り、油をきる。
5 半分に切って器に盛る。好みで唐辛子ペースト、柚子こしょう、生姜醤油（各分量外）などを添える。

蓮根入り揚げ団子と玉葱

材料・作りやすい分量

揚げ団子のタネ

- 豚ひき肉　100g
- 塩　少々
- 蓮根　½節
- 生姜のみじん切り　1片分
- 酒　小さじ1
- 卵　½個
- 片栗粉　小さじ1

紫玉葱　小1個

衣

- 小麦粉、水*　各適量

揚げ油　適量

練り辛子　適量

*小麦粉と水は1対1弱の割合。

1
揚げ団子のタネを作る。ひき肉は塩を混ぜて少しおき、下味をつける。蓮根は5㎜角に切る。ボウルに合わせ、生姜、酒、卵、片栗粉を加え、粘りが出るまで混ぜ合わせ、ひと口大に丸める。

2
紫玉葱は4～6等分のくし形に切り、大きいものはばらす。衣の材料は混ぜ合わせる。

3
揚げ油を中温に熱し、紫玉葱に衣をつけて入れ、カラリと揚げ、油をきる。続いて1を入れ、きつね色にカリッと揚げ、油をきる。

4
器に3を盛り、練り辛子を添える。

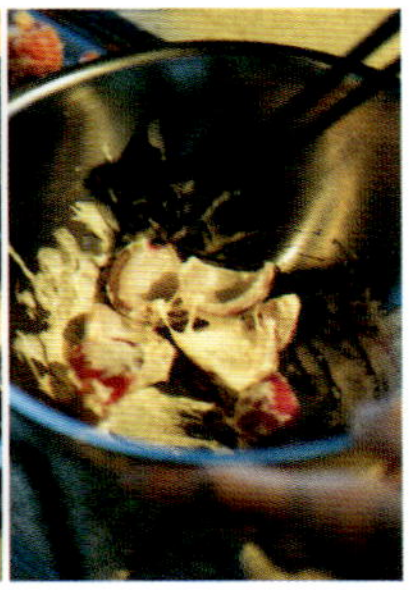

晩酌にはシンプル小鍋

豚肉と水菜の小鍋仕立て

材料・2人分
豚ロース薄切り肉
（しゃぶしゃぶ用）　250〜300g
水菜　小1束
だし汁　2〜3カップ
醤油　大さじ1
酒　大さじ1〜2
塩　少々
粉山椒、こしょう　各適量

1 水菜は食べやすい長さに切る。

2 鍋にだし汁を入れて火にかけ、熱くなったら醤油と酒を加え、塩を入れて吸いものよりやや濃いめに調える。

3 煮汁が沸騰したら豚肉を1枚ずつ広げながら入れる。水菜も入れてさっと火を通す。

4 煮えすぎないうちに汁ごと器に取り、粉山椒やこしょうをふる。

炭をおこして、土鍋を囲む

土鍋ステーキ

材料・2人分

牛肉（ステーキ用）　100g

塩　適量

オリーブオイル、牛脂　各適量

柚子こしょう　少々

1 牛肉は3㎝角に切り、塩をふる。

2 土鍋を熱してオリーブオイルと牛脂をなじませ、**1**を入れて両面焼き、好みの焼き加減に仕上げる。

3 器に盛り、柚子こしょうを添える。

魯《ろ》山《さん》人《じん》風すき焼き

材料・3～4人分
牛肉（すき焼き用）
　400～500g
九条葱　2～3本
春菊　1パック
牛脂　適量
大根おろし　適量
ポン酢醤油
（柑橘類（かぼすなど）の
　搾り汁　1個分
醤油　大さじ1½～2）
七味唐辛子　適量

1 九条葱は斜め薄切りにし、春菊は太くてかたい茎の部分は除く。

2 土鍋に牛脂を入れて溶かし、牛肉を1枚ずつ広げて入れ、両面さっと色が変わる程度に焼く。

3 焼けたものから順次取り分け、大根おろしとポン酢醤油をかけ、好みで七味唐辛子をふっていただく。続いて、九条葱、春菊を入れて焼き、同様にしていただく。

4 牛肉、九条葱、春菊を交互に焼いていく。

炭火で磯辺焼き

焼き網を熱して切り餅をのせ、焼き色がついてふくらむまでときどき返しながら両面焼き、醤油を絡めて焼き海苔を巻く。海苔も焼き網の上で炙ると、よりおいしい。

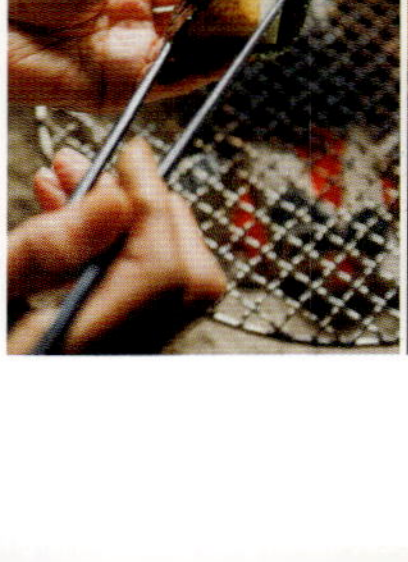

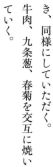

〆のご飯は簡単でシンプルなものを

はまぐりご飯

材料・作りやすい分量
たくあん（古漬け）　5㎝
黒炒り胡麻　大さじ１
ご飯（温かいもの）
　茶碗３杯分

1 たくあんは深めに切り込みを入れながら薄く切る。

2 ご飯に黒胡麻を加え、ひと口大の俵形ににぎる。

3 **2**をたくあんの切り込みにはさむ。

揚げ卵のせご飯

材料・２人分
揚げ卵の醤油風味
　かたゆで卵
　　（殻をむいたもの）　２個
　揚げ油　適量
　醤油　少々
ご飯　茶碗軽く２杯分
もみ海苔　適量

1 揚げ卵の醤油風味を作る。揚げ油を中温に熱し、ゆで卵を入れ、きつね色になるまで揚げる。油はね防止ネットをのせると安全。

2 食べやすい大きさにほぐしてボウルに入れ、醤油をかけて絡める。

3 器にご飯を盛り、もみ海苔をふり、**2**をのせる。

揚げ卵の醤油風味を小鉢に盛れば、それだけで酒の肴に。

たたみいわしのご飯

材料・1人分
たたみいわし　1枚
揚げ油　適量
塩　少々
青じそ　2〜3枚
ご飯　茶碗軽く1杯分

1 たたみいわしは中温の揚げ油でカリッと香ばしく揚げ、油をきって塩をふる。
2 青じそはせん切りにする。
3 器にご飯を盛り、1のたたみいわしを手で割ってのせ、青じそをのせる。
※たたみいわしは、揚げるほか、さっと炙ってもよい。

カリカリナッツとしらすのご飯

材料・作りやすい分量
アーモンドスライス　½カップ
しらす干し　½カップ
揚げ油　適量
塩　少々
玄米ご飯　茶碗軽く２杯分

1 揚げ油を火にかけ、油がまだ低温のうちにアーモンドを入れ、カリッときつね色になるまで揚げる。ペーパータオルにのせて油をきる。

2 **1**の揚げ油にしらす干しを入れ、カリッとするまで揚げる。ペーパータオルにのせて油をきり、塩をふる。

3 器にご飯を盛り、**1**と**2**をのせる。

煎り番茶でお茶漬け

なれずしのひと口茶漬け

材料・2人分
子持ち鮎のなれずし
（市販）　2切れ
ご飯　茶碗ごく軽く2杯分
煎り番茶　適量

1 器にご飯を盛り、なれずしをのせ、アツアツの煎り番茶を注ぐ。

くさや茶漬け

材料・2人分
ご飯　茶碗軽く2杯分
焼きくさや（市販）　適量
煎り番茶または番茶　適量
柚子こしょう　少々

1 器にご飯を盛り、焼きくさやをほぐしてのせ、アツアツの煎り番茶を注ぐ。柚子こしょうを添える。

お酒のあとの焼きめし

玄米シンプル焼きめし

材料・2人分
玄米ご飯　茶碗2杯分
胡麻油　大さじ1〜2
醤油　小さじ2〜3
海苔　2枚
※冷凍ご飯、冷たいご飯は温めてから使う。
玄米ご飯と白飯を合わせて使ってもよい。

1 中華鍋を熱して胡麻油をなじませ、玄米ご飯を入れてパラリとするまでよく炒める。

2 鍋肌から醤油を回し入れ、ご飯を中華鍋に焼きつけるようにして炒め、香ばしく仕上げる。

3 器に盛り、海苔をもんで細かくして散らす。

鮭焼きめしのおむすび

材料・作りやすい分量
ご飯（温かいもの）　茶碗2杯分
甘塩鮭　1切れ
卵　1個
青葱　1〜2本
胡麻油　適量
塩、こしょう　各適量
醤油　少々

1 鮭はグリルなどで焼き、皮と骨を取り除いて細かくほぐす。卵は割りほぐす、青葱は小口切りにする。

2 フライパンを熱して胡麻油大さじ$\frac{1}{2}$をなじませ、卵を流し入れて大きくかき混ぜ、火が通ってふんわりとしたらいったん取り出す。

3 2のフライパンに胡麻油大さじ1を足して熱し、ご飯を入れて炒め、パラパラになったら鮭を加え、卵を戻し入れ、炒め合わせる。

4 塩、こしょうをし、醤油で味を調える。青葱を加えてひと混ぜし、火を止める。

5 粗熱が取れてから適量ずつ手にとり、好みの形にむすぶ。

まだ飲みたい人も、もう食べたい人も

メープル味噌の焼きおむすび

材料・2人分
ご飯　茶碗2杯分
メープル味噌（作りやすい分量）
味噌　大さじ2
メープルシロップ　小さじ2

1 メープル味噌の材料はよく混ぜ合わせる。

2 ご飯は2等分にし、しっかりと力を入れてむすぶ。

3 焼き網を熱し、**2**をのせて両面焼く。焼けないうちに動かすと網にくっつくので、よく焼いてから返すようにする。

4 **3**にメープル味噌をぬり、オーブントースターに移して香ばしくなるまで焼く。

おこげ

土鍋や無水鍋でご飯を炊き、鍋底にできたおこげに軽く塩をふり、そのまま酒の肴に。お茶漬け、お粥、揚げせんべいなどにしても。

シンプルみそ汁、具だくさんみそ汁

しじみの味噌汁

材料・作りやすい分量
しじみ　250〜300g
味噌　大さじ3くらい
粉山椒　少々

1 しじみは洗う。
2 鍋にしじみとひたひたの水（分量外）を入れて火にかけ、弱火で静かにゆっくりと煮る。
3 殻が開いたら味噌を溶き入れ、火を止める。
4 お椀に注ぎ入れ、粉山椒を添える。

豚汁

材料・作りやすい分量
豚薄切り肉　100g
こんにゃく　½枚
大根　5cm
人参　½本
牛蒡（細め）　1本
長葱　½本
胡麻油　少々
水またはだし汁　4カップ
味噌　大さじ4

1 豚肉は食べやすい大きさに切る。こんにゃくは下ゆでし、スプーンでひと口大にちぎる。大根と人参はいちょう切りにする。牛蒡は斜め薄切りにし、水にさらし、水気をきる。長葱は小口切りにする。

2 鍋に胡麻油を熱して豚肉をほぐすようにしてよく炒め、1の長葱以外の野菜とこんにゃくを加えて炒め合わせる。

3 水またはだし汁を注ぎ入れ、煮立ったらアクをとり、野菜がやわらかくなるまで煮る。

4 味噌を溶き入れて火を止め、長葱を加える。

5 器に盛り、好みで七味唐辛子（分量外）をふる。

素材別索引

野菜

■青じそ
14 夏野菜の青じそ味噌焼き
32 たたきオクラのあえもの
46 古漬けと青じそ
76 牛たたきの香り塩あえ

■青葱・浅葱
38 炒めこんにゃくと青葱
48 塩辛&浅葱
76 牛たたきの浅葱巻き
76 牛たたきの香り塩あえ
96 魯山人風すき焼き

■アスパラガス
10 春の緑の野菜の金胡麻あえ

■枝豆
32 野菜とクルミのかき揚げ

■オクラ
32 野菜とクルミのかき揚げ
32 たたきオクラのあえもの

■きのこ
8 もやしの梅あえ
28 焼き椎茸と青菜の海苔あえ
28 エリンギの網焼き
30 エリンギのかぼすあえ
30 舞茸の牛肉巻き
32 野菜とクルミのかき揚げ
32 揚げ里芋としめじの梅味噌のせ
80 牛肉としめじの山椒煮

■きゅうり
32 たたきオクラのあえもの
56 ままかりの酢漬けときゅうり

■クレソン
68 しらすとクレソンおろしレモン醤油

■牛蒡
26 根菜とオイルサーディンのカレー風味
80 鶏肉、牛蒡、こんにゃくの炒り煮
86 根菜とひき肉スパイス炒め
108 豚汁

■小松菜
40 油揚げと小松菜の煮びたし

■里芋・小芋
12 小芋の胡麻味噌あえ
32 揚げ里芋としめじの梅味噌のせ

■さやいんげん
14 夏野菜の青じそ味噌焼き

■ししとう・青唐辛子
14 夏野菜の青じそ味噌焼き
68 じゃこと伏見唐辛子の甘辛煮

■じゃがいも
8 じゃがいもの鮭あえ
82 鶏のから揚げ

■春菊
58 まぐろ、春菊、大根皮の
オリーブ辛子醤油あえ
96 魯山人風すき焼き

■生姜
32 たたきオクラのあえもの
76 牛たたきの香り塩あえ

■スナップえんどう
10 春の緑の野菜の金胡麻あえ

■大根・大根葉
18 揚げ茄子のおろしあえ
34 葱味噌おでん
58 まぐろ、春菊、大根皮の
オリーブ辛子醤油あえ
61 スモークサーモンと筋子、大根
68 じゃこと大根葉炒め
96 魯山人風すき焼き
108 豚汁

■とうもろこし
22 とうもろこしのかき揚げ

■長葱
34 葱味噌おでん
34 焼き葱と味噌
40 油揚げの網焼き
54 揚げかまぼこと海苔のおつまみ
108 豚汁

■茄子
16 茄子のくず仕立て
16 茄子の皮のきんぴら
18 揚げ茄子のおろしあえ
18 揚げ茄子の黒胡麻あえ
20 茄子と茗荷の味噌炒め
20 茄子の梅煮

■菜の花
10 春の緑の野菜の金胡麻あえ

■人参
26 根菜とオイルサーディンのカレー風味
32 野菜とクルミのかき揚げ
108 豚汁

■ピーマン
10 ピーマンのきんぴら

■ほうれん草
10 ほうれん草の梅おかかあえ
28 焼き椎茸と青菜の海苔あえ

■水菜
92 豚肉と水菜の小鍋仕立て

■茗荷
14 夏野菜の青じそ味噌焼き
20 茄子と茗荷の味噌炒め

■紫玉葱
72 豆あじの酢醤油漬け
88 蓮根入り揚げ団子と玉葱

■もやし
8 もやしの梅あえ

■モロッコいんげん
22 モロッコいんげんの天ぷら

■蓮根
12 蓮根のシャキシャキ炒め
26 根菜とオイルサーディンのカレー風味
32 野菜とクルミのかき揚げ
86 根菜とひき肉スパイス炒め
88 ひき肉の蓮根はさみ揚げ
88 蓮根入り揚げ団子と玉葱

■漬けもの
46 夏野菜の糠漬け
46 古漬けと青じそ
56 青いトマトの粕漬け
98 はまぐりご飯

大豆加工品・大豆・卵

■厚揚げ
34 葱味噌おでん

■油揚げ
カリッと厚揚げ 山椒風味　42
油揚げと小松菜の煮びたし　40
油揚げの網焼き　40

■豆腐
豆腐と白子のもみじおろし　42

■納豆
いか納豆　62

■大豆
大豆のメープル味噌あえ　52

■卵
卵黄の醤油漬け　44
卵焼き 染めおろし　44
炒り卵のおかか添え　44
揚げ卵のせご飯　98

こんにゃく・しらたき・乾物・海藻

■こんにゃく
葱味噌おでん　34
炒めこんにゃくと青葱　38
刺し身こんにゃく　38
鶏肉、牛蒡、こんにゃくの炒り煮　80
豚汁　108

■しらたき
しらたきの炒り煮　36

■乾物
切り干し大根の生姜胡麻あえ　48
切り干し大根の炒め煮　50

■海藻
焼き椎茸と青菜の海苔あえ　28
昆布の酢醤油漬け　36
胡麻風味の炙り海苔　48
揚げかまぼこと海苔のおつまみ　54
炭火で磯辺焼き　96
玄米シンプル焼きめし　104

魚介

■あじ
あじの一夜干し　70
豆あじの酢醤油漬け　72

■穴子
焼き穴子　66

■いか
いか納豆　62
いかのたらこあえ　62
いかのとんぶりあえ　64
いかのさっと煮　64
いかゲソの網焼き　64

■えび
才巻えびの素揚げ　72

■かき
焼きがき　70

■かに
かにの生姜酢　66

■鮭
じゃがいもの鮭あえ　8
鮭焼きめしのおむすび　104

■しじみ
しじみの味噌汁　108

■筋子
スモークサーモンと筋子、大根　61

■たこ
たこの生姜酢　66

■たらこ
いかのたらこあえ　62

■たらの白子
豆腐と白子のもみじおろし　42

■まぐろ
まぐろ、春菊、大根皮の
オリーブ辛子醤油あえ　58
まぐろのオリーブ山葵醤油あえ　60

■小魚
うるめいわしの酢漬け　46
煮干しの甘辛おつまみ　46
たたみいわしの炙り　52
たたみいわしのカリカリ揚げ　52
じゃこと伏見唐辛子の甘辛煮　68
じゃこと大根葉炒め　68
しらすとクレソンおろしレモン醤油　68
たたみいわしのご飯　100
カリカリナッツとしらすのご飯　100

■魚介加工品
根菜とオイルサーディンのカレー風味　26
塩辛&浅葱　48
ままかりの酢漬けときゅうり　56
スモークサーモンと筋子、大根　61
くさや茶漬け　102
なれずしのひと口茶漬け　102

■練り製品
炙り笹かまぼこ　36
揚げかまぼこと海苔のおつまみ　54
かまぼこの網焼き　54

肉

■牛肉
舞茸の牛肉巻き　30
牛たたき　74
牛たたきのひと口にぎり　74
牛たたきの浅葱巻き　76
牛たたきの香り塩あえ　76
牛肉の網焼き　78
牛肉としめじの山椒煮　80
土鍋ステーキ　94
魯山人風すき焼き　96

■鶏肉
鶏肉、牛蒡、こんにゃくの炒り煮　80
鶏のから揚げ　82

■豚肉
豚肉のから揚げ　84
豚肉と水菜の小鍋仕立て　92
豚汁　108

■ひき肉
根菜とひき肉スパイス炒め　86
ひき肉の蓮根はさみ揚げ　88
蓮根入り揚げ団子と玉葱　88

ご飯・餅・汁もの

■ご飯
牛たたきのひと口にぎり　74
はまぐりご飯　98
揚げ卵のせご飯　98
たたみいわしのご飯　100
カリカリナッツとしらすのご飯　100
くさや茶漬け　102
なれずしのひと口茶漬け　102
玄米シンプル焼きめし　104
鮭焼きめしのおむすび　104
メープル味噌の焼きおむすび　106
おこげ　106

■餅
炭火で磯辺焼き　96

■汁もの
しじみの味噌汁　108
豚汁　108

その他
菊花の酢のもの　8
炒りぎんなん　36
ぎんなんの塩ゆで　56
アボカドと山葵　56
豆腐よう（市販）　56
いかのとんぶりあえ　62

有元葉子 Yoko Arimoto

素材の持ち味を生かし、余分なものを入れない引き算の料理が人気。自分が本当によいと思える食材を使い、心と体が納得するシンプルなおいしさを追求。東京・田園調布で料理教室「cooking class」を主宰し、自由な発想でレッスンを行う。料理教室と同じ建物にある「shop 281」では、自身が使う基本調味料や油が揃う。

www.arimotoyoko.com

晩《ばん》酌《しゃく》

2015年3月2日　第1刷発行

著者　有元葉子

発行者　川畑慈範

発行所　東京書籍株式会社

東京都北区堀船2-17-1　〒114-8524

電話　03-5390-7531(営業)

03-5390-7508(編集)

印刷・製本　図書印刷株式会社

Printed in Japan

ISBN978-4-487-80871-7 C2077

乱丁・落丁の際はお取り替えさせていただきます。

アートディレクション　昭原修三

デザイン　植田光子(昭原デザインオフィス)

撮影　竹内章雄

スタイリング　千葉美枝子

編集　松原京子

プリンティングディレクター　栗原哲朗(図書印刷)